주소 없는 편지

주소 없는 편지

— 이수동 시집 —

도서출판 천우

● **시인의 말**

문학이란 내 삶의 선구자입니다

청년 시절부터 가슴에 담은 글
틈틈이 원고지 노트에 그때그때 기록힌
순수한 마음으로 써놓은 글

등단 후 월간지 동인지 등에
올려놓은 시 책을 받아보면
환희에 젖어 행복의 기쁨으로

살아오면서 응원의 힘을 준
아내께 고마워요

저의 부족한 글을 감히 시집으로
출판을 하게 됨을
송구스럽게 생각합니다

시집 출판을 하도록 애써주신
월간『문학세계』· 계간『시세계』이사장님
편집주관님, 편집실 임직원님 여러분의
수고 감사합니다.

2021년 7월
운암 이 수 동

● 축하의 글 1

김 천 우((사)세계문인협회 이사장 · 문학평론가)

　난세에 영웅이 탄생하듯이 문무를 겸비한 이수동 시인의 올곧고 정의로운 정신세계를 뒷받침하듯 첫 시집 출간은 많은 문인들에게 귀감이 되고도 남음이 있다고 본다. 진솔하면서도 꾸밈이 없는 시세계의 진면목은 오랫동안 한국 문단의 중견 문인으로 자리매김하면서 주옥같은 언어의 연금술을 퍼 올리는 훌륭한 결실이 아닌가 한다. 특히 자연을 누구보다 사랑하고 솔직담백한 생활 속 내면세계는 알토란처럼 영글고 달달하다. 시인은 섬세하고 소소한 순간 하나 하나 놓치지 않고, 감성의 오색실을 수놓아 가는 풍요로운 정서와 그만의 향기를 고수하는 시적 화자 속 감동의 물결이 찬란하게 메아리친다. 인공지능 시대에 입각하여 드론이 탄생하고 디지털 문화가 지상의 낙원을 섭렵하는 난황에도 불구하고 시인의 일편단심 순수문학의 중심을 바로 세우고자 최선을 다하는 모습은 공경받을 가치가 충분히 있다고 본다. 이번 시집 상재는 내공이 깊고 성찰의 세계가 탁월한 시세계가 될 것이다. 시는 그 사람의 얼굴이자 살아온 인생 지침서가 아닌가?『주소 없는 편지』 전국 방방곡곡 주소 있는 핑크빛 사랑의 생동감 넘치는 편지로 가가호호 행운이 가득 채워지기를 기도하면서 귀한 작품집 출간을 진심으로 축하드린다.

● 축하의 글 2

윤 제 철(시인 · 문학평론가)

  시간은 멈추지 않고 흘러서 세월이라는 이름으로 남는다. 이 땅에 사는 모든 것들은 시간 공간에서 벗어날 수 없다. 시간은 공유가 되지만 살고 있는 자리는 주소라는 이 땅의 좌표가 설정되어 있다. 정해져 있는 장소로 대상물을 이동시키려면 주소가 있어야 한다.
  이수동 시인은 시집『주소 없는 편지』를 통하여 그동안 갈고 닦은 소중한 시편을 묶어 독자들에게 보내려 한다. 시집을 내는 시인들이 다 그런 꿈을 가지듯 한편 한편의 시에 쏟은 사랑을 독자들의 가슴에 선명한 이미지로 담아 전해지기를 바란다.
  시인의 편지는 개성적인 삶의 고백이다. 그리운 사람에게 쓰는 편지는 붙이지 않아도 강물처럼 흘러 손짓을 따라 간다. 앞산 단풍잎 곱게 수를 놓으면 그리운 사연 담은 편지를 쓰기 때문이다.
  우리는 오늘 하루를 보내고 나면 다시 내일을 맞이한다. 내일은 다시 오늘이라는 이름으로 불리어 우리에게 다가온다. 오늘은 어제의 내일이었고 내일의 어제가 된다. 분명한 것은 항상 우리는 오늘을 산다는 것이다. 모든 그리움은 오늘이라는 마당에서 놀 수 있게 하는 하나의 방편에 속한다.

제1부
해 저무는 소양강

- 시인의 말
- 축하의 글 1 / 축하의 글 2

해 저무는 소양강 _ 17
능금 꽃 필 때 _ 18
노을빛 연정 _ 19
큰 별 _ 20
꿈을 그리다 _ 21
물안개 피는 춘천 _ 22
눈 내리는 소양강 _ 23
내가 널 좋아해 _ 24
능금 두 개, 그리고 아내 _ 25
노을빛 연극 _ 26
누나 얼굴 _ 27
감국차 향기 _ 28
실레골 이야기 _ 29
봉의 산 기차 _ 30
인연 _ 32

새해 봄, 다시 기다리며 _ 33
춘설 녹는 소양강 _ 34
춘천댐의 벚꽃 _ 36
골짜기의 노래 _ 37
여름날 동창회 _ 38
의암댐의 노을 _ 40

제2부
반디불빛

봄 마중 __ 45

반디불빛 __ 46

춘란 소심(春蘭 素心) __ 47

멍게 아지매 __ 48

사계 __ 50

가을 나그네 __ 51

동백섬 __ 52

석곡란 __ 53

가을의 기도 __ 54

석류 __ 55

가을 그림 __ 56

달빛 섬 총각 __ 57

장맛비 __ 58

봄비 __ 59

동행 __ 60

봄 노래 __ 61

제3부
집 없는 민들레

집 없는 민들레 __ 65
당신은 __ 66
햇살 같은 어머니 __ 67
엄마의 품 __ 68
울 엄마 아부지 __ 70
뜨거운 눈물 __ 72
별들이 우는 밤바다 __ 74
사랑의 둥지 __ 75
애실 한 사랑 달빛에 __ 76
사랑초 꽃 __ 77
별들이 흐르는 해운대 __ 78
새벽 별 __ 79
오늘이 그날 같아 __ 80
진주 남강 __ 81
아름다운 소년기 __ 82
복숭아 물빛 __ 83
사랑은 별을 딴다 __ 84
첫사랑 스크린 __ 85
6월 __ 86
새벽 바다 __ 87
흔적 __ 88
연극은 시작되고 __ 89

제4부
파도가 우는 소리

파도가 우는 소리 ― 93

보랏빛 상처 ― 94

파도는 연극 ― 96

해 돋는 바다 ― 97

동백꽃이 필 때쯤 ― 98

설화 속에 핀 동백이 ― 99

향기 ― 100

은빛 여울 ― 101

겨울에 핀 노란 장미 ― 102

과메기를 먹으며 ― 103

명주고름 ― 104

하이얀 호수 ― 105

바람 부는 가을 날 ― 106

북풍한설 ― 107

대룡산 단풍잎 ― 108

촛불 광란 ― 109

휠체어는 날개를 달고 ― 110

제5부

주소 없는 편지

주소 없는 편지 _ 113
구름 속의 남매 _ 114
구름 같은 마음 _ 116
흰 구름이 파란 꿈 싣고 _ 117
그 마음 _ 118
풀잎 같은 인연 _ 119
칠순을 맞는 당신 _ 120
황홀한 빛으로 물든 _ 122
늙은이의 새벽 _ 123
황혼의 메아리 _ 124
당신만 바라봅니다 _ 126
소녀를 기다리며 _ 127
임의 마음을 그려 본다 _ 128
포근한 언덕 _ 129
향기 품은 밤 _ 130
못 잊어 _ 132
하늘에 쓴 편지 _ 134
당 고갯마루 _ 135
슬픔과 그리움 _ 136
마지막 잎 새 _ 138
속살을 보였다 _ 139
비련 _ 140
꿈 _ 141
화풍(花風) _ 142
소고삐 _ 143
설날의 기도 _ 144

제6부

멋있는 노년

통일 열차 타고 ― 147
아침 바다 ― 148
맨드라미 ― 149
눈꽃 ― 150
엄마 소는 ― 151
아름다운 당신은 ― 152
멋있는 노년 ― 153
춘천으로 달린다 ― 154
동백섬에서 ― 155
춘설 녹는 소양강 ― 156
동창회 ― 158
내 청춘 지금부터야 ― 159

● **나의 문학관** ― 문학은 내 삶의 선구자다 ― 160

제1부
해 저무는 소양강

해 저무는 소양강

해지는 아득한 산자락 춘설 녹는 소양강
뱃길 따라 굽이굽이 품팔이길 떠난 낭군님
이 해가 저무는데 왜 아니 오시나요

지난봄에 피었던 홍매화가
춘설 내리면 꽃잎이 얼면 춥다고
꽃가지 눈 닦아주던 손길

올해도 홍매화는 눈보라 속
쓰라린 냉가슴 앓이
따뜻한 당신 품 그리워
해 저문 소양강 목메이게 부르노라

능금 꽃 필 때

따사로운 햇빛 콧잔등 스칠 때
능금나무 가지 꽃 몽우리 터질까
그리운 그녀 고운 입술 열린 듯 하고
꽃잎 뽀얗게 피어나는 하얀 얼굴

작년 봄 능금 밭에서 꽃 따다가 누가 보랴
살짝 볼에 입맞춤하며 눈으로 사랑하고
좋아한다 사랑한다 말도 못한 채
얼굴 빨개지고 수줍어하던 너

능금 꽃 따며
터지지 않은 몽우리 만지며
그림 같은 입술로 사랑한다 말해줄까

향긋한 그 향기 너의 미소 닮았으니
그리워 다가가고픈 내 고향 가고파라
만나면 말해주고 싶은 단 한마디
사랑한다고 용기 내어 말하고 싶은
능금 꽃 사랑이여

노을빛 연정

슬피 운다고
옛사랑이 오지 않으니
청산유수 홀로 지켜 온
한 많은 세월

새벽 산책길에 반겨주는
지지배배 새소리 반갑다

고즈넉한 풍경을 거닐며 산길 따라
추억의 오솔길 걸어가면
뜨거운 열정 익어가는 가슴

언제 보아도 멋진 노신사
살며시 말 걸어 볼까
설레이는 마음 용기를 내어
사랑하고 싶다고 노을 속에 전하네

청산에 못 다한
가슴 깊이 묻어 둔 사랑
진정 시키며 속내를 감춘다

차마 못 다한 말
한마디에 귀 열어 줄까
못 잊을 황혼빛 사랑

큰 별

천상의 하늘멀리 유성이
툭 떨어지니 어두운 밤
칠흑 같은 무게로 다가온다

별이 빛나는 밤
내 눈썹 아래별이 떠다니고
지구를 돌고 도는 은하계
시린 바람소리조차 숨죽이니

지는 해 떠오르는 태양
내일은 또다시 하늘별이 되어
희망찬가 부르리라

꿈을 그리다

양 떼 구름 사이로
흰 줄 날리듯
꿈 실은 비행기
높이 높이 날아라

팔색조의 꿈 그리다
쏘아 올린별

전설의 숲 사이로 익어가는
견우직녀의 애닯은 그 사랑

세세연년 연인들의
아름다운 꿈의 화신

물안개 피는 춘천

봉의산 아래
물안개 강폭으로 피어오르고
춘천 강 한 폭의 산수화 수놓으니
크고 작은 섬들의 본향 하나 둘씩
호반의 도시를 유혹한다

뱃머리에 기대앉은 사공의 시름
애환의 강물소리 한숨밖에 흐리네

공지천 물안개 꽃불 켜는 듯 화사한데
허공을 떠다니는 황포 돗대 춘천포구로
다시 돌아오시려나

나직이 속삭이는 안개에 젖은 너의 목소리
풍광 좋은 의함호의 물빛에 아롱지누나
초롱불 깜박거리는 주막집아래
동동주 한잔 술에 권주가 구성지다

눈 내리는 소양강

마적산 소나무에 눈발 흩날리니
노 젖는 사공은 뱃길 열어
찬 서리에 얼어붙은 이내심사

싸늘한 강물아래 그물을 당겨도
황금빛 잉어 몸사래 칠 때

은빛 나래 활짝 펼치며
물길 따라 헤엄치는 빙어 떼
춤사위 흥겹다

내가 널 좋아해

내가 날 좋아하나봐
파릇파릇 봄 새싹들
기지개켜는 봄 날

오색의 가을빛으로
되돌아오는 해피데이

나뭇가지마다 흔들흔들
바람결에 하늘 멀리 날아간다
한잎 두잎 물들어가는 세월의 물굽이
찬 서리에 앙상한 가지마다
상고대 화폭을 옮겨 놓은 듯

고갯마루 백색 성 이루고
천년 송 소나무 가지마다 몽글 몽글
솜사탕 구름 꽃 만든다

능금 두 개, 그리고 아내

저녁밥 상 물린 뒤
빨간 능금빛 미소를 담는다

아내의 끝없는 사랑
언제나 초막의 등불로 다가온다
두메산골 사창리 봄날

장터에서 두 개 사들고 온
아내의 속 깊은 마음 하나
나를 울리고 말았다

살갑고 고마운 부부의 정
가슴깊이 아로새겨지는 날
애틋한 마음 담아온 쟁반 속 사랑
오늘따라 아내의 면사포처럼
달콤새콤한 홍옥 맛이더라

지금은 추억의 능금도
아득한 지난날 그림자였구나

노을빛 연극

의암 강길 따라 석양이 물들고
은빛 머리 노년의 지팡이는
지나온 세월 추억의 한편에 묻어난다

아무 말 하지 않아도
한 편의 장편소설처럼 살아온
아름다운 초로의 노부부
주름진 숫자만큼 사연도
얼마나 많을까

인생의 항해를 수 십여 년
두루미 날갯짓 마다
휘어지는 숨 가빴던 시간들

성토하는 강물처럼
여울목마다 무대 위에 세워진
연극의 주인공이어라

이승의 마지막 그날까지
남겨놓은 흔적들이 하, 많다보니
내 것 하나 갈무리 못한
두 손 꼭 잡으며 바라본 춘천 강
소금 빛으로 갈무리 한다

누나 얼굴

은하의 별빛 쏟아지는
해운대의 여름 밤
꽃피는 동백섬 달님따라
돌고 돌아가는 인생길

밤바다 모래사장
터벅터벅 걸어가니
함박미소 머금은 누나 얼굴
바람결에 떠오른다

언제 다시 만날 수 있으리
천년 학처럼 가슴에 묻어둔
못 잊어 다시 그립네

감국차 향기

오늘 같은 날
보슬 보슬비 내리면
감국차 향
온 누리에 가득한 때
고향마을 동무생각
천리만리 퍼 올린다

산새 높은 산 단풍드는
만추의 가을이오면
국화 꽃잎 장독위에 말린다

비 내리고 눈 내리는 그날이오면
꽃잎 전 부치고 감향 곡주 기울이며
지난 발자취 더듬어 보노라면

잠시 접어두었던 인연의 끈
그래도 지워지지 않은 임 생각
빗방울 떨어지는 소리에 묻어온다

아~~
그립고 그리워라
가슴파고드는 이름이여

실레골 이야기

하늘이 내린 금병산 자락에서면
병풍으로 드리워진 실레골 초가지붕
조개껍질 덮어 놓은 듯 장관을 이룰세

촌락의 하루가 시작되면
새벽 벽두에 이른 등촉 밝히고
농부들 가래질 하는 소리
사람 사는 세상이 정겹다

고향의 꿈 하늘가에 아롱아롱
주옥같은 소설의 한 장면처럼
주마등처럼 스쳐 지나간다

가난의 죄이련가 대를 이어받은
이 풍진 세상의 별곡
김유정 역사로 달려오는 기적소리
뚜우우우 회한의 송가 쓸쓸하다

노란 동백꽃 가지마다
서려오는 봄 봄소식에 두견이
슬피 우는 그리운 내 고향 실레골

봉의 산 기차

강 따라 천릿길
넘실넘실 은빛으로 물드는
맑은 물결 수놓은 봉의 산

춘천강 공지천의 물안개
살기 좋은 내 고장 좋을시고

산수화를 그린 듯
호반의 도시 춘천
지상에서 가장 수려한
섬이라 명명한다

고요한 강변길 따라
기적소리 울리면
종달새도 지지배배
내륙의 종착역을 노래하네

아름다운 나의 소망
희망보따리 풀어보니
강산이 다섯 번 변한다는
마음 한자락 노들강변에
동여매고 내 고향 부모형제

동무생각 눈시울 적실 때
봉의산 기차는 달리고 달린다
낭만의 춘천 인생의 종착역

인연

연분홍 진달래 꽃 미소
아름따다 곱게 다지고 다져

지나치지 않을 만큼
보이지도 않을 아득한 사연

하루 이틀 그리고 천년세월
수수께끼처럼 흘러 흘러가니
풀리지 못한 매듭이련가

금실 은실 엮어서
둘이 하나 되어 청실홍실
칭칭 동여매고 천년만년
살고 지고

새해 봄, 다시 기다리며

겨울이 지나가는 창밖을 바라보니
밤 새 소리 없이 다녀간 설화의
하얀 나비 신화처럼 나풀나풀
마음 흔들어 놓는구나

숨 가쁘게 솟아오르는 밝은 태양
봄의 여운으로 살금살금 다가온다

손꼽아 기다리고 기다리던
새해 아침 온가족이 모여서
훈훈한 이야기 꽃 피우며
새해 설빔의 나래 활짝 펼친다

덕담의 시를 한편 읊조리고
정성스레 마련한 세뱃돈 봉투
따신 사랑 한데 모아 나누어 주는
사랑의 둥지 참말로 행복할지어다

방패연 가오리연 훨훨 하늘가에
날리면 손주 손녀들의 아우성 귓전을
간지럽히는 설날을 맞이할 때마다
새해 새다짐 새날의 외침소리
봄날의 여정이 다가온 듯 싱그럽다

춘설 녹는 소양강

오봉산 굽이굽이
노송이 쉬어가는 산허리에
백설의 유혹이 따사롭다

뱃길 따라 굽어가니
품팔이로 일 떠난
낭군님 하염없이 기다리는
강 허리에 옥양목 같은 사연

허리춤에 안고 살아가는
여인의 슬픈 노랫가락
오늘따라 구성지게 들려온다

설중 매화처럼
춘설에 꽃잎 얼면 상처받을세라
가지마다 곱게 여미어주던
사랑의 임이시여

올해도 변함없이
그대 품에 춘설 인양
녹이고 싶소

해저문 소양강의 봄
어느 시인의 구성진 곡조처럼
노을빛으로 물든다

춘천댐의 벚꽃

경춘가도를 씽씽 씽 달려가자
벚꽃 잎 강물에 떠다니며 소금빛으로
흩날리는 서정의 계절

내 가슴 한 켠에 몽글몽글
피어오르는 옛 추억의 모닥불 추억
양은 도시락 딸랑거리며
삼삼오오 만개한 벚꽃처럼
웃음 짓던 유년의 세월이
못내 그립다

보고 싶은 친구들아
지금은 어느 하늘 아래서
버찌처럼 소리 없이 익어갈까

거울 앞에 서면 낯선 주름진 얼굴
내 나이가 깊어질수록 세월의 흔적도
빛바랜 앨범 속 그리움으로 남겠지

봄이 오는 길목을 누비며
벚꽃 잎 흐드러진 청춘 가도를
맨발로 질주하고픈 어느 날 오후

골짜기의 노래

낮은 산자락
봄 눈 녹는 지암 계곡
한숨 돌리며 하늘 소리 들어보니
산안개 감고 도는 골짜기의
달작지끈한 노래가 흥을 돋운다

능금 꽃 피는 고향집
툇마루 집다릿골 사이로
송어 떼 맑은 눈물 흘릴 때
한 잔 술에 취하고
두잔 술에 야속한 세월
술잔에 타서 마시리

계곡마다 찰랑이는
숲의 합창소리 들으며
시리고 아린 겨울 날
떠나버린 네 모습 그리워
콧잔등 소복이 물기 어린다

여름날 동창회

사랑하는 동무들아
세월이 야속하더라
고향을 떠나온 지
육십년 세월이 강물처럼
흘러갔건만 아직도 꼬꼬마 시절
그 추억의 장면들은 영화의 필름처럼
아로새겨 지누나

풀벌레 소리 들릴때마다
강가에 조약돌 햇살에 반짝이고
진달래 꽃 산천을 물들이던
봄날에 환장할 듯 보고 싶은
내 친구들아

등 굽은 나이에야 안부 전하는
백발의 노신사 내 모습이지만
그리운 동창들과 쫑알거리던

순박하고 인정 많은 내 친구들
후미진 선술집 모퉁이에서
권주가 부르며 만나보세

우리다시 그 시절로 돌아가
잠시라도 시간을 멈추고 싶은
여름날 동창회 풍경

의암댐의 노을

모태라는 끈질긴 인연 줄
어느덧 세월이 흐르고 흘러
황혼 길에 도달 했구려

일출처럼 우아한 모습으로
후회 없이 살아갈지라도
일몰에는 어느새 일그러지는
알 수 없는 인생 별곡인 것을

저마다 빛깔로 물들이는
의암호의 유유한 풍경을
바라보노라니 성찰의 반은
이미 살아온 지난날이고
앞으로 살아갈 날들이 점점
짧아지고 있다는 사실이
나를 슬프게 하는 노을빛 연륜

이승의 마지막 날까지
아낌없이 열정을 불사르고
남은 인생 알뜰살뜰 수놓으리라

의암댐의 노을 앞에
맹서하노니 나는 너를
너는 나를 사랑하며 두 손
마주잡고 천년만년 살고지고

제2부

반디불빛

봄 마중

봄 향기
저 하늘 끝자락에
멀리서 노랗게 실바람 타고
논길로 밭길로
들나물 노랑 별꽃
볼 만지며

내 작은 가슴
불꽃이 타올라
가슴 저미어
봄 노래 풀피리

겨울에 웅크린
굳은 가슴 울리며
봄나물 쑥 향기
저고리 섶 사이로
가슴속에 담으리

반디불빛

캄캄한 밤 연두빛
반딧불
밤하늘에 수를 놓네
진주빛 품은 가슴 하늘에

당신 머릿결이 초저녁 반딧불 같아
맺히고 헝클어진 지나온 세월
저 하늘에 보내본다
그 얼굴 배꽃보다 곱더니
보리밭 고랑같이 깊어진 주름

새벽에 본 그 얼굴
많이도 변했구려 회색빛 머리에
노을 져 가는 모습이 너무나
애처로워 가슴이 홍두깨질

적송으로 초가를 짓고
일평생 변치 않을 검은 오석 마루
오죽으로 울타리 둘러쳐 불로장수

춘란 소심(春蘭 素心)

어제는 꽃 몽우리로
은하수 부푼 꿈으로
오늘 새벽녘엔 별꽃으로

연옥색의 백화 소심되어
내 가슴 비집고 품에 안긴다
3년을 구석자리에서 물세례 받고 연명하다

이제야 난대 2층 중앙 자리를 내주어
최고의 애장란 천사로 등극을 시켰네
혼자 품기는 애련해지는 인혁과 나누고 싶다

천사에게 영양제로 세례 시원히 씻어주며
난 사랑 시화 시심 란 꽃말 담아
시 언저리에 올려봅니다

멍게 아지매

동해 대진항 포구
파도를 넘나들며
멍게 따는 아지매
물속 인어처럼 휘 이 돌아
돌 틈 바위 더듬는다

멍게 소라 따고 올라와
휘 이 큰 숨 몰아쉰다

파도를 밀어 차고
해초를 이리 저리 제치고
해삼 멍게 찾아
물질하는 아지매

얼마나 바라보았던가

바다의 여인
깊은 생각 하고 있을 때
휘 이 숨을 쉬는 인어 아지매
해삼을 들고 흔들어 보이네

눈물이 핑 도네
목숨을 바다에 맡긴 채
물질을 하며 삶을 이어가는 아지매

멍게 해삼 소라 미역
팔아야 하는 것을
어찌 받아 먹을까
푸른 바다의 주인공인
멍게 아지매

사계

봄 숲속으로 햇빛이 움츠린 생명들
눈 녹아 흐르는 물소리에 용솟음치듯,

여름 밤하늘에 반디 불들은 소곤소곤
저 별을 따라 파란 꿈은 산으로 강으로
파도가 춤추는 바다로 따라간다

가을밤 귀뚜라미 처연하여라
해가 뜨면 오색 단풍빛으로 물들일 때
부푼 마음 배낭을 메고
아름다운 꿈을 찾아 가슴에 물들이자

소담스레 하얀 눈 나뭇가지에 조화롭게
향기를 품어 찬 서리에 한 잎 두 잎
이사를 가듯 떠나네

가을 나그네

곱고 아름다운 단풍
가을을 남기고
나그네는 저 산 너머로

찬바람을 안고
동백꽃 내 가슴에 피어
음산했던 상처

동백꽃 피어나
남색 치마에 다홍색 저고리
마음 단장하니

이내 마음 여기서
떠나신 나그네 불러도 보며
가을이 오기를 기다리네

동백섬

해운대 동백섬
꽃길에서 만난 당신
해넘이에 사랑 싣고
육십여 년 긴 세월
동백꽃 피고 지고

당신의 주름진 얼굴
바다 물결 같은 잔잔한 미소
산천이 변해도 당신은 그 자리
동행을 그려놓은 그 날들
마음에 새싹으로 꿈꿔요
산새 소리
오롯한 풍경을 걸었던 우리
통나무 의자에 앉아
가슴이 불타오른 동백섬

석곡란

여명(黎明)에 새벽 별을 담으며 난실로
목 부작 한지 23년 된 난초들
소엽 대엽 풍란 석곡 콩짜개란

석곡의 입술 뾰족 내밀며
눈 맞춤으로 웃음 짓도록
내 입술 부벼 봅니다

난초들은 꽃 지고 나면
뒷줄로 밀려나야 하는 애실한 사연

난초 잎이 고운 난들은 마님보다
더 귀한 품속의 사랑
아낌없이 보내는 여명의 석란

가을의 기도

이 가을처럼 살게 하소서
남자는 마음으로 늙고
여인은 얼굴로 늙는다고 하지만
나이가 들면 들수록
꽃 같은 인품의 향기를
지니고 넉넉하고 깊은
마음으로 살게 하소서

늙어가더라도 지난 세월
너무 애착하지 말고
언제나 청춘의 봄날
의욕이 솟아 활기가 넘치는
인생을 젊게 살아가게 하소서

지난 과거는 아름답게 여기고
당겨지는 미래의 시간표마다
아름다운 행복 꿈 그려놓고
매일 동그라미 치며 살아가는
즐거운 인생사
넘치도록 하소서

석류

새벽을 여는 빛
다소곳이 밀창을
두드리는 여명

마음 깊이 담아온
그리움 하나
내 귓전에 맴돈다

저고리 스치는
애잔한 바람 결에
단풍잎 향기
홀로 취하누나

석류가 빠알간 속옷에
젖어드는 석류알 사연
사립문 열고 님 오시는
오솔길 마중을 가네

구리빛보다
더 짙은 너의 향기
천년만년 묻어두고
꺼내 보리라

가을 그림

귀뚜라미는 가을 별곡 연주에
찬 기운이 몸도 마음도 추스르는
가을 사랑의 결실

붉게 타는 듯이 익어가는
그리운 사랑 오색이였으면
가을바람 나그네는 싫어

그리워하는 가슴끼리 고운 단풍
덮어주며 뜨거운 가슴으로 품어줄
향기로운 가을에 그려본 그림

달빛 섬 총각

첫사랑 달 보고 맹세한
별빛 같은 섬 처녀
서울로 홀연히 떠나니
달빛마다 앗아갔네

별빛 보고 눈 감으니
굳은 맹세 파도에 부서질
맺지 못할 풀꽃 같은
울릉도 섬 처녀

섬 국화꽃은 바위산
수놓은 듯 흐드러지게 피고
갈매기 떼 기룩끼룩
파도를 타고

육지로 떠난 님 소식
달빛으로도 오지 않으니
파도 인연
달빛이 파도에 떠도네

장맛비

밤이 새고 동이 튼 아침
하염없이 쏟아지는 비
그리워 하얀 밤 새도록

흘리는 그 비의 긴 장맛비
언제나 사랑 따라가시려나
슬픈 눈물은 더 흐를 눈물도

속속들이 헤집어 놓고
뒤도 돌아보지 않고 훌쩍 쓸어가고

누구의 속마음 파헤쳐
아스라이 고운 가슴 멍 들어놓고
수절하여 눕은 등 짊어질까

봄비

빗소리 봄비 내린
무아지경(無我地境)
한참을 걷다 보니
머리에서도 비가 내리네

비를 맞은 나무 가지는
생동감을 주는구나
길가 숲속에 어린 새싹 세상 이름을 올리려
선두다툼 하듯 용솟음치니

세월에 봄
자연 속으로 발걸음도
뚜벅뚜벅 따라간다
봄비도 겨울잠에서 깨어나
걸쭉한 시 한 편 올리고 싶다

동행

미소 진 그대는 아름다워
육십 년을 훌쩍 지난 지금도 우린
손잡고 변치 말자

새끼손 걸며 당신은 몇 번 피고 지고
주름진 얼굴에도 미소 가득
기나긴 날 마음 하나 붙잡고
빈손 또 잡고
변치 않을 그 맹세
잡고 가슴으로
언약했던 약속은 산천이 변해도
잔주름 진 얼굴 위에 세월의 흔적

봄 노래

수동리 계곡에
봄이 오는 소리 쫄쫄쫄
낮은 산 높은 산
햇빛 따라 하얀 눈
녹아 흐르네

힘 주어 숨을 쉴 때
자욱한 안개 품어 재치네
이 강산을 동면으로 묶어
햇빛 따라 풀어 제치네

높은 산 낮은 골짜기
눈 녹아 흐르니
봄 노래 소리 내며
졸졸 흐를 때 버들강아지
뽀얀 얼굴 내밀어

새해의 첫 상면 인사 나누며
살아 숨 쉬는 동심초들아
힘 주어 깨어나라
봄의 노래 함께 만들자

제3부

집 없는 민들레

집 없는 민들레

노란 민들레
뽀얀 솜털을 쓰고
봄 오는 소리에 길가에 피어

아름다운 세상 위에
간난 이 민들레로 태어나

집 없는 길거리에 살려고
길인에 짓밟히고
나그네 발길에 체이네

부대끼고 시달린 너 한 인생
생명 다 못한 채 머리 숙이고
고개 돌리며 죽어 가는가

어느 길인이 보아주느냐
길 가던 객이 너의 애절함
흔쾌히 받아 주더냐

너의 마음 나는 보았다
밤이슬에 속아 네 생명
연민하는가 집 없는 민들레

당신은

잔잔하고 고요함이 있다면
바다만 아닐 것이며
넓어서 편한 것이 또한
하늘만 아닐 것인데

아름다운 당신의 성품처럼
마음 또한 온화하고 생각도 깊어진다

지나친 세월의 아담다운 정을
가끔은 그리워지는 사랑하나

외롭다가도 슬프기도 한 눈빛
흘러도 보이지 않는 가슴속에 눈물
그것은 아마도 노년의 아름다운
당신의 모습

햇살 같은 어머니

따사로운 햇볕이 선물처럼
위암 투병중인 어머니
치료가 되었으면
가슴 움켜잡고 쓰라린 고통
태양으로 덮혀주렴

하늘나라로 떠날 때 까지
마음 편히 가시기를
뼈만 앙상하였던 울 어머니

엄한 시집살이 시부모님 모시고
오 남매 자식들 키우시다 가셨네
효도 못 한 자식은 후회만 뼈에 사무치네요
햇살 같았던 그리운 어머니

엄마의 품

새벽을 열어
저 하늘에 안기는
엄마의 품 속 같은 동트는 바다

마음이 무거워 질주하는 자동차 행렬
시름을 뱉어내고

더 넓은 들녘을 지나 휘이 드리워진
초록 지붕 같은 적송 풍경
그리운 고향의 동네가 보인다

안개 자욱한 거리
미시령 꼭대기 바닷물 위에 섬
마음 가벼우니 몸은 날아 갈 듯
엄마의 품으로 어서 가보자

동명항 바닷길 따라
꿈에 서린 파도의 사랑의 찬가
부딪히는 곡조 따라 처얼썩 철석

바다 위에 둥둥 떠 있는
애환 담은 섬
실향민의 한 안고
떠나지도 못하고
망향가에 눈물 적시며

개복치 된장모듬물회
눈물적인 술 한잔
바다위에 소롯이
구성진 한자락 내려 놓네

울 엄마 아부지

생전 슬하에 이남삼녀 두시어
금이야 옥이야 곱게 키워 놓으니
다 제 갈 곳으로.

연로하신 엄마 아버지 뒤로 한 채
아무 걱정도 없이 떠나는 자식들
지금에 이 자식은 피눈물 나도록
가슴 아프도록 서럽기만 하네

효자 노릇 보다도 모셔보지 못 한 채
연로하신 아버지께서 병수발 하시고
암 투병을 하신 우리 엄마
병원 한 번 못 모시고 간 이 자식은
평생에 한으로 남습니다

못난 자식들 잘 되라고
눈비를 맞으시며 새벽기도를
못난 이 자식 국가의 부름 받고
긴 삼십여 년 군에 몸 바쳤습니다

변명을 하는 수밖에
내 나이 칠십 중반을 넘으니
하늘나라에 계신 엄마와 아버지
불러도 불러 봐도 대답이 없으니

살아생전 잘 해야 한다는 말은
입으로만 하는 말
효도를 못 한 이 불초한 이 자식

불러봅니다
엄마 엄마 아부지 아부지
대답도 없으신 나의 엄마와 아부지

뜨거운 눈물
— 딸을 시집 보내며

내 딸이 시집가는 날
밤새 잠을 못 이루고 새벽안개를
가르며 종종걸음 기도 가는 길

저 하늘에 샛별이 저토록
반짝반짝 머릿속이 하얘져
내 한 가슴을 찌르는구나

철없는 줄만 알았든
내 딸이 천륜을 뒤로 하고
날이 밝으면 시집을 가네

딸 애 잘살라고 기도를
가슴이 아파 눈물이 복받쳐
속울음만 나오네

낳은 정 기른 정 다 두고
보내 주지만 이내 가슴에 너무나
크게 자리 잡고 있으니

이렇게도 눈에 밟히는가
흐르는 눈물을 참기가
딸도 울고 있구나

축하객도 그만 눈시울을 적시네
이 딸 저 딸 보내는 쓰린 가슴
엄마의 뜨거운 눈물로

별들이 우는 밤바다

별들이 흐르는 광안리 밤바다
별들의 무대 위에
추억의 소야곡 흐른다

은빛 파도는
밀고 밀려 찢어놓은 내 사랑
청 모래사장으로 멍든 사연
별들이 흐르는 밤바다에 올려 놓고

보고픈 내 님 소식 물어본다
손짓해도 오지 못할 사람아
그토록 못 잊을 사람아
보내놓고 못 잊어서 또 왔네
별들이 우는 밤바다

사랑의 둥지

금수강산이 병풍에 담은 듯
드리워진 앞섬 금강이 동네를
휘 감돌아 내 가슴에 담아

강바람에 꿈을 실은 내 도리
뽀얀 분홍빛 복숭아는
싱그러운 향기를 뿌리네

앞산에는 천에 귀한 나무들
불로장생 산나물이 봄 향취로
산수가 아름다워 이곳에 둥지를

지난 한 세월 꼬끼오 둥지란
세상 한쪽에 하나님 마을 찬양
형제자매 둥지란 선물 정겨워

애실 한 사랑 달빛에

찬 서리가 내린 거북바위가
달빛도 시리나 소금 빛이네
떠난 임 향기 정 그리운 바닷가

추억의 밤바다에 그려놓고
은빛 파도는 살며시 다가와 달빛에 젖은
뽀얀 얼굴 눈물이 여울지며

연둣빛으로 단장하고 파도는 춤사위를
내 가슴에 묻어둔 사랑
하얀 이 드러내고 슬퍼 우는 파도

조각조각 파도에 깨어지는 애실 한 사랑
하얀 눈물 뿌리니 달빛 향기에 취한다
밤새워 우는 파도 저 달빛에 보낸다

사랑초 꽃

티 없이 맑은 별
사랑초 꽃

연옥빛
가녀린 너의 얼굴
그 속에 묻힌 사랑초

밤은 싫어요
해가 서산에 지니
사랑초 꽃잎도
꼭 껴안고
사랑 속으로 침묵하네

별들이 흐르는 해운대

해운대 밤하늘에
수 놓은 별들의 무대
파도 따라
멜로디가 흐르는 이 밤

별들이 떨어지는
애달픈 밤아 임이 가야 하는데
잡았던 손을 놓고 떠난 당신
손을 놓았지만 별 속에서
너를 찾는다

구슬픈 은빛 파도는
떨어지는 별들을 부여잡고
사랑을 찢어 놓는구나
바다도 모래사장도 파란 밤이여

저 하늘 파란 별을 불러본다
별들이 흐르는 이 밤에

새벽 별

비 개인 새벽 앞산
맑은 새벽공기는 잠을 깨우네
가슴을 열어 기운을 한 아름

하얀 도라지꽃 별빛으로 손짓을

우리의 가슴에
애환을 담은 심산유곡 백도라지

새벽 어둠에 날 반겨주는 별꽃
가슴을 여미고
새벽별 그대에게 보내 본다

오늘이 그날 같아
— 춘천 소양댐 아래

몇 날을 기다려도
장대 같은 폭우는 쉬지도 않고
산사태가 집을 삼키고
온 식구들 나를 여기에 혼자 두고

말이 없이 떠난 그 날
뇌성을 치며 산이 밀려 내려오며
그립고 귀여운 내 식구들 산더미 속으로
불러도 들리지 않으니

불어나는 성난 장마의 황토의 큰물 소리에
불러도 벙어리 소리

이쁜 딸 보금자리 처소도
거둬가고 날 벙어리로
장마여 그만 물러가소

한이 많아 움막에 눈감고
말도 없이 떠난 내 가족 그리움으로
돌아올까 기다리며
비에 젖은 가슴 벙어리 속울음을

진주 남강

물굽이 돌아 흐르는
진주 남강

진주 남강 촉석루에
맺은 사랑 향수에 젖어
남강에 왔건만
세월 속에 묻혀진
촉석루의 언약
진주라 남강
언약한 내 님 어디에
돈 벌면 데리러 온다고
못 잊을 내 님

수많은 세월 속에
묻혀버린 그 약속
낯설고 남강도 설은
내 고향 진주라더냐

아름다운 소년기

아름다운 나의 꿈을 싣고
용두산 일백구십 사계 단을 올라서
푸르른 바다 위에 그려 놓은 듯한
태종대도 아름다워라

영도다리도 뱃고동 소리에 뱃길을 터주네
부우 웅 부우 웅 외항선 저 큰 배는
오륙 도를 지나 나의 꿈을 싣고서
수평선 저 멀리 그림 속으로 떠나가네

해운대는 동백섬은 연인이 같으니
광안리 앞바다 안개 개일 때
수평선 넘어 대마도가 보이네
이네 작은 꿈 저 넓은 곳으로

케이블카는 희망의 꿈을 싣고서
저 높은 곳으로 쉼 없이 오르니
꿈을 전하려 희망을 전하는
송도 해수욕장 사랑의 케이블카
소년의 꿈을 희망으로 보내주오

복숭아 물빛

땀방울 송송송 여름은
남쪽으로 가려고
새벽안개에 젖어 눈썹이 촉촉이

새벽 산바람 솔향기 뿌리니
잔잔히 불어오는 솔바람
내 가슴도 잔잔하다

청포도 알알이 맺혀
헝클어진 마음도 알알이
입속마저 상큼해진 눈시울

너의 얼굴은 연분홍
곱고 이쁜
가시내 분칠보다 이쁘다

사랑은 별을 딴다

별이 빛나는 밤에
동구 밖 시냇가 방죽에서
임을 만나 사랑하자고

설레는 마음 처녀의
가슴은 방망이질 치며
임 만나러 종종걸음

저 하늘에서 별빛은 줄을 지어
내앞에 떨어져 내리는 듯하고
그 임을 만나러 가는 길
마음조이고

저 하늘 별을 보며
사랑의 별을 딴다

첫사랑 스크린

그 얼굴 그 모습이 아련한
추억으로 남기기엔
그대가 떠난 해운대 백사장
모래를 바다에 던져도

그대 찾아 천리 길
달리는 기차 유리창 사랑의 스크린
끝없이 흐르는 눈물
그대가 머무는 그곳

설레며 초조한 마음을 감싸 안고
시골버스 자갈길을 뛰듯이 흙먼지
얼굴은 땀에 젖어 광대 분칠
발길을 돌려 부산으로
수십여 년이 훌쩍 지난 지금도
쌍꺼풀 진 커다란 눈 오똑한 코
예쁜 입술 말을 아끼고
싱그러운 얼굴 키가 크다고 갓길로
보조개진 그 얼굴 그리워라
나의 첫사랑

6월

온 산하가 푸름이 짙은 산길
먼동이 틀 무렵 이름 모를 새들의
분주한 지저귐은
무엇을 의미하는 것일까

호국보훈의 달을 맞이하며
의병의 희생정신을 기리고
목숨 받친 호국영령들께
엄숙하게 묵념을 드립니다

짙어지는 녹음을 바라보며!
살신성인(殺身成仁)의 정신으로
숭고한 애국 애족 정신을 기리며
되새겨봅니다

새벽 바다

어둠이 미처 물러가지도 못한 새벽 바다
밤마다 숲에 심어 놓은 청운의 꿈
먼동은 잠자는 파도 잠을 깨워
여명 속으로 사라진 꿈

파도 따라
내 꿈 마저 차르르 차르르
바다 냄새 파래 냄새 상큼한 향기 감돌고

붉게 떠오르는 저 태양 힘의 근원
산이든 바다이든 가리지 않고
오늘도 힘찬 새날을 출발한다

흔적

가슴 설레는 사랑의 9월을 맞이했던
마음속에 심었던 희망의 열매를
잘 익혀 내리라 작심하며 맞이한 지
엊그제만 같은데 육십 년이란 세월이 바뀐 가을

안개는 뽀얀 솜털을 뿌린 듯 강을 덮어 놓았다
새벽 기도를 다녀온 나의 평생 친구
손을 꼭 잡고 강변 산책길 걷다가
여보 그 마음 그 자리 있음이 감사하오

가슴에 그려 담은 단풍 얼굴에도 그려 담으니
바라볼 잔 세월 길 따라 굽이굽이 걸으며 심어 놓을
환희 빛 함께 걸어야 할 안개 뿌린 새벽길에
여보 함께 한 길을 가는 이 발길 그날을 위하여

연극은 시작되고

파란 가을 하늘 아래
곱디 고운 노랑 빨강에 다홍빛
연두와 핑크로 눈썹 속에 물들인
황홀한 연극무대

회오리를 치며 단풍 향기 싣고
임을 부르며 연극의 장막 속으로
뜨거운 가슴을 젖히며
폭풍이 송두리째 내게로 불타오네

수많은 날들 오늘이어라
연둣빛보다 아름다운 진주 빛 눈물로
일 막을 다홍빛 사랑으로 물들이고

낙엽이 지기 전에
무대 속에 비둘기 집을 짓고
연극은 시작되고 그 꿈을 여기에
내려 놓을 가을 연가

제4부

파도가 우는 소리

파도가 우는 소리

달빛 향기에 내 궁상도
파도에 싣고
그리운 임 바다 위에
달빛 마중
은빛 파도 사랑의 춤사위
고요한 파도
부푼 꿈 떠밀려

바위에 부서지고
애실 한 꿈 부서지며
하얀 눈물 날리니
달빛 향기에 취한다
깜하도록 우는 파도
멍든 가슴 우는 소리

보랏빛 상처

하늘을 향해
높이 치솟아 깜한 밤
분노의 몸부림

구멍 난 내 가슴은
아픔을 더해놓고
피맺힌 절규의 함성

하얀 이를 드러내고
달려드는 표정은 이유 없는 반항
끝없는 미지수

어느 날 슬픈 밤이 있어
꿈처럼 아득한 나날을 기다리며
눈 감고 귀 막고
억지 잠 이루는 아픔 속에

처절하리 만치 가난했던
우리네 인생
그것은 끝없는 통증

아물 줄 모르는 쓰린 상처
목울음만 나오는
이루어질 수 없는
사랑의 깊은 자욱

파도는 연극

바닷길 따라 보랏빛 높이
하얀 머리에 지팡이를 짚고
손을 꼭 잡고 추억 속으로

저 노부부 바다 위에
세월이 아름다워 수를 놓을까
보랏빛 파도 위에 올려 놓고

인생 항해를 수 십여 년
갈매기 날개짓에
휘어지는 숨 가쁨

파도는 곡조 따라
노래 위에 극한 바탕
인생사 사분의 사박자

남겨 놓은 것 하도 많아서
걱정을 궁상스레
내 것 하나 갈무리란
두 손 꼭 잡으며 바라본 바다
소금 빛으로
네 다 비우고 파도 따라

해 돋는 바다

철썩철썩 파도는 꿈꾸는 바위를 흔들어
어젯밤 꿈을 빼어가며 새벽잠을 깨운다

연중에 한 번 만난 대가족이 여기저기 저네 식구끼리
행복한 꿈을 만들며 잠자는 모습이 아름다워라

황금빛 융단 위로 해는 솟아오르고

엊그저께 장가를 온 듯한 할아버지 증조할아버지라
호칭에 코가 찡하는구나
처갓집바다 파래 냄새 장모님 냄새
향기는
이십대 청년의 꿈을 불러 본 해 돋는 황금빛 일출

동해바다에 나의 꿈 실어 놓은 수십여 년 세월에
조카들 손주들 하늘 위에서 바다 위에서 세상 무리 속에서
선구자의 위치를 짊어지고 꿈같은 오늘이
해 돋는 바다 시여라

동백꽃이 필 때쯤

동백꽃이 핀 가을 오색단풍으로 물들면
그 가슴도 붉게 물들어
지난 가을 가슴에 담아 놓은 얘기

동백꽃 빨간 입술 뽀족이 하고 다가와
들국화꽃 같은 내 입가에 미소를....
상큼한 향기 맴돌아 그날이 지금

동백꽃 빨간 입술이 미소를 짓고
운암산 단풍길 수놓았으니
들국화는 동백을 애절히 기다려요

설화 속에 핀 동백이
— 생강나무

잿빛 나뭇가지에
샛노란 동백꽃이
여린 가슴속으로
스며들구나

너를 기리다 가
밤새 설화는
매화 꽃송이 송이로
흰 구름산을 만들어

산천이 백설이라
설중 매화가 그만
하룻밤에 떨어지니
너무 짧은 일생을
내게 보여준다

저 하늘 높은 곳에서
수많은 고통을 받으며
인간의 기쁨도 사랑도
인연을 만들어 주고
땅속으로 숨는다

향기

한쪽에 조금 남은 눈은 진주빛으로 빛나네
봄비가 오는 날 억새 잎으로 엮은 우의를 입고
학교 가던 날 눈물을 흘린 때가 생각이 난다

오색찬란한 화려한 색의 풍경이
어느덧 나 혼자만의 사색을 갖기 좋은
조용한 풍경으로 바뀌어가고 따스한 가을 햇살이
점점 사라지는 가을의 끝자락

감나무엔 주홍빛으로 익은 감이 주렁주렁
감나무 잎 색은 오만가지 색을 황홀하게 만들고
높은 산은 불 났다 앞산에도 단풍의 향기 가득
미의 향기 가슴으로 품어둔다

은빛 여울

오늘 밤 마음이 숙연해 바닷가에 앉아
모래 한 줌 쥐어 들고 파도에 뿌리며

돌아오지 않을 듯 다시 돌아오는데
저 멀리서 큰 파도 소리는
내 가슴까지 두드려오네

밀리는 파도 소리에
아무 말도 못하면서 바라보고 쳐다보며

별빛 받은 파도가 살며시 다가와 웃음 띠며
밝은 미소 한 아름 안고 와

등 뒤에 살며시 감싸 안으며 말해 주려나
나 혼자 바라보는 저 파도만이 돌아오려나

겨울에 핀 노란 장미

하얀 겨울눈 속에 노란 장미
모진 바람 가슴에 안고

어둠이 밀려 깜한 밤
찾아올 그 임을
뜨거운 가슴으로 품으려
기다림은 아련한 그 모습

발걸음 뽀드득 뽀드득
오실 날 손꼽아 볼 수 없어
뒷걸음질
가슴 언저리에 맺힌 그리움

하얀 눈 위에 마음 얹어 놓고
또 그려도
내 맘속에 피어오르는 노란 장미 한 떨기
가엾어라 그 애절함이여

과메기를 먹으며

처제가 보내준
바다 향기
해풍이 춘천까지 스미는 듯하네

치솟는 파도
구룡포 바닷길
쫄깃한 바람이 불고

김 물미역 쪽파 넣어
과메기에 마늘 초장 올려
한 보쌈 입으로 전해오는 바다 향기
눈물의 추억 자락들

가슴이 벅차오르는 음률
어디선가 파도를 타고
오늘도 가슴 속 구룡포 꿈을

명주고름

임이 만들다
조금 남겨 놓은
사랑의 자투리

작은 조각을 덧대어 긴
갈대 줄기로
내 님 품속 저고리 고름

앞 섶에 새겨놓을
작은 것
숨 쉬어 놓아두고 갈
그리움

긴 폭은 숲
오늘 내게로 다가온
뜨거운 사랑의 여로

갈대숲 명주고름
고운 손길로
청둥오리 날개짓에
안기고 만 명주고름

하이얀 호수

깜 한 밤 호수의 달빛을 받으니
호수에 비친 저 달은 내 님 얼굴

나직이 내 귀에 소근 거릴 때
좋아한다고
간지러워 웃으며 꼬옥 안아주고 말았네

뜨거운 사랑
가슴으로 전해 받았네

사랑의 호수에 달빛 스며들 듯이
마음을 곱게 엮어 님에게
보내 본다
내 마음 네가 알고 네 마음 내가 안다
하이얀 호수같은 사랑의 마음

바람 부는 가을 날

그대의 손을 꼭 잡고
말없이 걸으며
가슴에 그려 담은 단풍빛
형형색색 미소 진 주홍빛
분홍빛 얼굴엔 수줍음
길 따라 굽이굽이 심어 놓을
환희 빛으로
아기단풍 따 볼까

북풍한설

불어오는 찬 바람
북풍한설 모질게 몰아치는데
가을 날 갈잎 흩날리는 길을
혼자 가시더니 한설을 맞으며
왜 날 두고 홀로
산 넘고 물 건너 홀로 가야만

개울가 버들강아지
동네 아이들 풀피리 꺾어 불며
뒷동산 철쭉 꽃향기 진동하고
제비가 향기 물고
봄소식 전할 적에
바람이 나와 동행하고자 하네

오롯이 적삼 섶으로
눈 멀어 앞이 보이지 않거든
뻐꾹새 울부짖는
정자 머리에 마중 갈까

대룡산 단풍잎

대룡산 단풍잎이 별이 되어 저 높은 봉에서
이 골짜기 곰 바위에 노랑 빨강 주홍
빛으로 고운 자리 앉아보나

높은 산 나무에 파란 잎 쓰고
바람에 휘둘릴 때
청순함으로 나르는 구름장을

비쳐보며
바람이 부는 대로

떨어지는 잎은 추풍낙엽

부는 바람 막고서 흐르는 물 구비에
맺지 못한 채 정도 못 준 채 떠내려간다

촛불 광란

큰 별 하나가 찬바람에 시달려
저 하늘 끝자락에 외로이

큰 별이 가고 나니 세상이 어두워라
깜 한 밤이 더 어두워라

별이 빛나던 어젯밤엔
내 눈썹에 걸려 있더니

차가운 밤바람이 시려
하늘 품으로 가네

작은 별들도 다 가버렸네
깜 한 밤에 찬바람이 시려

동쪽 샛별은 눈물 빛이여라

휠체어는 날개를 달고

댄스 스포츠 선녀들이
눈부신 의상을 입고 휠체어에 올라
은빛 찬란한 조명 받으며
선녀의 옷자락 휘날리며
화려한 춤사위로
관중들 환호 소리에
흥을 돋우며
연둣빛 초원 무대에서
날개를 달고 환상의 듀엣 커플로
구름에 몸을 날려 사랑을
갈망하는 무희들
휠체어는 왈츠 탱고 춤은
사랑을 싣고

제 5부

주소 없는 편지

주소 없는 편지

오늘도 그리운 사람에게 편지를 씁니다
보낼 수조도 없는 쓸쓸한 편지

단풍이 곱게 꽃물들기 전에
내 마음 벌써 옥죄입니다

앞산 단풍잎 곱게 수를 놓으면
그리운 사연 담은 편지를 씁니다

오늘도 내일도 그리운 사람에게
강물처럼 흘러 흘러 손짓합니다

구름 속의 남매

파란 하늘 흰 구름
옹기종기 모여앉아
다정히 얘기하네

우리 오 남매
중년도 후울적 노년으로
오릴 적 예쁜 그 얼굴

마루에 걸터앉아
즐거워 놀던 동생들
찐 고구마 김치에

앞마당에 봉숭아꽃 따서
손톱에 물들여서 좋아하며
고무줄놀이 해가 서산을 넘어

내가 놀러 가려면
꼭 따라 앞장서 나오는
몰래 가도 나타난 미운 내 동생

파란 구름 속에 뛰어노는
나의 동생들
또 콧날이 찡하니
흐르는 눈물 폭포수여라

구름 같은 마음

꼬옥 감은 너의 눈
이슬이 맺혀 구슬 같고
꼭 다문 입술은 앵두와 같아
얼굴은 복숭앗빛 보다 예쁜 너

흐르는 모든 것
흘려보낼 줄 모르는 너

네 가슴속에 고이 담은 연분홍빛
여울져 가는 저 강물 위에
쪽배로 띄워 보내

비에 젖은 꽃봉오리 활짝 터지며
내 가슴 속 깊은 곳에 담아

밤을 새워 구름 속에 두둥실

흰 구름이 파란 꿈 싣고

봄 바람 불어오니 파란 하늘에 흰 구름 두둥실
나도 봄바람 타고서 어디라도 가 봤으면

내 어릴 적에 흰 구름 타고 두둥실 떠가는 꿈
높이 떠 올랐다 뛰어내리는 아름다운 꿈

부푼 꿈 그 꿈을 언제나 간직하고 싶어
잠 깨고 나면 다 지워지는 오늘도 꿈은 두둥실

그 파란 하늘에 나의 파란 꿈 다 지워져 버렸으니
떠 있는 흰 구름 보고 내 아름다운 꿈 어디에 있는지

파란 하늘에 흰 구름은 내 마음 싣고 두둥실
바람에 실려 가지 못하게 붙잡아 메어두었으면

하늘을 바라보면 파란 꿈은 흰 구름 타고 두둥실
내 꿈 실은 흰 구름 떠갈 때 나도 두둥실 둥실

그 마음

내 인생
내 것도 아닌 것을
자연에 두고 갈 때
지혜(智惠)만 남겨두고
한 걸음 두 걸음 걷다가
뒤도 한번 돌아도 볼
일평생 그릇에 다 채우지 못함을
아쉬움 남길 것 없으니
쉬었으니 또 한 걸음씩
가 보자

풀잎 같은 인연

우리 인생
구름처럼 만나
이제라도 남은 그 길

이슬 같은 잔 세월
새벽에 만났다
달처럼 고개 숙이고

여명에 애틋한 사랑
몽글몽글 만들어
별빛만큼 주섬주섬

적삼 섶 열어 가슴에
이슬을 감춰두자
풀잎 같은 인연

칠순을 맞는 당신

오월의 꽃향기를 품은 당신
철쭉의 향기는 당신의 향수이고
칠순을 맞은 오월의 여신이시여

세월의 무상함 속에
세상에 태어난 지 칠십 년이 오늘
일천구백사십 육 년 삼월 이십일
딸 사위들이 귀한 만찬 자리로 만수무강을

당신과 함께한 세월이 사십 칠 년
참으로 긴 세월 한 구절 한 토막
가슴으로 안고 담아놓을 수많은 사연

부산에서 처음 만남이 긴 세월 속을
딸 셋을 곱게 키워 출가를 시키던
그때 그날들 가슴 아려 울먹이던 날들

당신 그때를 생각하오 군인의 아내로
창설기념 육상선수 연습으로 귀한 아이가 유산되어
슬픈 가슴으로 울부짖던 때를

그래도 우리의 세월은 백 년이라오
남은 세월 손자 손녀들 내 형제 의좋은 친구들
산수화 그림 속으로 한세월 벗하자고요

황홀한 빛으로 물든

연둣빛 봄은 한쪽에 조금 남은 눈 진줏빛으로 사라지네
봄비가 오는 날 억새 잎으로 엮은 우의를 입고 학교 가던 날
눈물을 흘린 때가 생각이 난다

오색찬란한 화려한 색의 풍경이
어느 덧 나 혼자만의 사색을 갖기 좋은
조용한 풍경으로 바뀌고 따스한 가을 햇살이
점점 사라지는 가을의 끝자락

감나무엔 노랗게 익은 감이 주렁주렁
감나무 잎 색은 오만 가지 색을 황홀하게 만들고

늙은이의 새벽

새벽어둠 가르고 발자국 소리 숨소리도
죽여 가며 산새들 잠 깨어 놀랠라
소나무 숲을 걸으니 새벽 솔향기 그윽하다
금강송 기둥으로 검푸른 솔잎은 지붕 삼으니

더 좋은 집이 있으랴 여기서 잠시 정좌하여
솔 향기 산소 들이마시어 백 년 장수하리다
편안한 이내 육신(肉身) 더 바랄 게 무엇인가
심술보에 남은 것 솔바람에 날려 보내고

더 늙어 이 산을 못 오르기 전 사심도 험담도
솔바람에 날려 보내고 금강송이 흔들흔들 너울너울
춤사위를 날리며 자연 섭리대로 솔향기 마시니
더 바랄 게 무엇인가 새벽 먼동이 튼다
하산하여 오늘을 그려볼 터이다

황혼의 메아리

황혼이 저무는 금빛 물결
서산 너머로 해가 쏙 빠지니
깊은 시름에 골똘하게
지나간 일들이 스쳐 지나가네

한 많은 세월 속에
세상을 아름답다
그림으로 그려보기에는…
수많은 사연이 아주 많은

한 많은 한평생
모진 풍파를 안고서
모질게 살아온 그 애틋한 잔 슬
세월 속에 젖어온 이내 가슴

모래보다 쓰린 가슴
황혼 이혼을 하자구요
노랫말이 아니요
너는 너대로 나는 나대로

그래 한 세월 속에다
몸도 마음도 정신도 모두
묶어 동여매어 놓았으니
인제 그만 어디 편히

숨도 쉬어보고
아름다운 마음 그림 한 짐 지고
이 마을 저 동네 보기가
좋으면 쉬어 쉬어 가며

깜 한 밤 강물 마르거든
황혼이 오기 전에 낙조를 보지 말고
대나무 통 엮어 타고 건너가
나를 부르거든 그만 마음을 주리다

당신만 바라봅니다

당신만 하늘에 태양처럼
바라보며 살고 있습니다

당신께서도
나만 바라봅니까
다른 꽃이라도 보십니까

피어나는 꽃은 한송이만
꺾어야 됩니다
나의 마음을 바라봅니까

나와 당신이
생각하는 사계절
백 년이고 천년이 지나도 바라만
보는 해와 달이였으면

소녀를 기다리며

삼도를 잇는 삼도봉 아래
조개껍질을 엎어 놓은 듯
초가집 마을 지붕 인 듯 아름다워라
복숭앗빛 얼굴로 오늘도
기다림으로 소녀는
세상을 아름답게 꾸미며
꽃수를 놓는다
눈 쌓인 삿갓봉에
백설이 녹아 흐를 때쯤
열차를 타고 올 그 소년을
오늘도 김천역 앞에서
그리움 한 자락 고이
가슴에 구겨 넣고
예쁜 소녀는 오늘도 소년을…

임의 마음을 그려 본다

말고 밝은 임은
청아한 옹달샘이며
물은 임의 성품이며 향기여라

흰 눈은
눈꽃송이로
하늘을 나는 꿈의 천사

임은 깊은 산중에
겨울 향기를
품어 내는 옹달샘 여인 이여라

포근한 언덕
— 사내면 신광감리회 개척됨

따사로운 봄나즐 앞동산에
햇볕이 내려 쪼이니
연두빛 작은 봉우리는

내 마음을 파랗게 물들여
수를 놓아 주는데
파란 언덕 낮은 봉우리에

십자가 높이 세워
빨간 지붕 기도실
성전으로 수를 놓았네

앞동산에 황소가
한가로이 풀을 먹을 때
파란 언덕 위에 성전으로 보이네

언제고 언제라도 판란 언덕 저곳에
아름다운 성전을 세워

사랑의 기도실 은혜를 받고
성전으로 달라는 간곡한 기도를

향기 품은 밤

이 한 밤 새고 나면
동녘에 희망 실은 아침 해가
온 산하를 지배할 때

노오란 새싹 얼굴 내밀며
한 잎 두 잎
봄의 전령사

향기를 듬뿍 담고 피어나
상큼하고 싱그러운 미소를
나에게 보내 주시네

이 봄에 태어나 아름다운
꽃으로 향기를 담고 왔으니
나는 시심으로 예쁜 너를

글로 쓰고 너의 향기를 담아
이 도화지에 남겼으니
내년 봄에 다시 올 때는
도화지로 와 아름다움을
그려놓고 향기를 듬뿍 담아

향기 품은 밤이 오면
너랑 나랑 꽃잎 속으로
사랑 찾아 떠나보자

못 잊어

철없던 시절이었지
너와 나는
무척이나 사랑을 그리며
보고 또 보아도 그리워지는
철없는 초년생의 첫사랑
그리움인가 사랑인가

머리는 반백이 되는 지금
그때 그 얼굴 그리워
추억으로 보내기엔 너무 아쉬움이
네가 떠난 광안리 백사장 모래를
바다에 파 던져 버렸지

그대 찾아 천 리 길
기차를 타고 차창 밖을 내다 보니
내 가슴속에 눈물이 흐르네

육십여 년이 지난 지금
그대의 예쁜 얼굴
쌍꺼플 진 그대의 커다란 눈 오똑한 코
그리고 예쁜 입술 말을 아끼는
정숙한 성품 키가 크다고 갓길로 걷던
웃을 때면 보조개 진 그 얼굴
그리워라
첫사랑을 못 잊어

하늘에 쓴 편지

하늘 끝자락
삼도봉 아래
옹기종기 잿빛 지붕

연두빛 위에
드리워진 고을 병풍을
하늘에 걸어 놓은 듯

연둣빛 닮은 소녀
마음은 고운 칠로
오늘도 향기 담은
홍조 띤 네 얼굴

동그란 눈빛 지울 수가 없어
연둣빛 위에 네 얼굴 올려
내 머리에 담은 그 소녀

눈 쌓인 삿갓봉 눈 녹아 흐를 쯤
황혼 열차를 탄 그 소녀
어느 역으로 오시려나

당 고갯마루

하얀 고갯마루
눈이 덮이는구나
사랑하는 마누라
친정 갔는데
몇 날이 지났느냐

어서 오시오
정월 보름에 오신다고
눈이 쌓이기 전에
버선발 빠지기 전에
언제 오시오

오시는 기별
낮달 보이 거든
당신 얼굴 그려 두오
짚신 두 컬레 허리춤에
휑 하니 고개 마루로

마중삼아 산보 삼아
당신 없는 밤 하늘엔
잔별들이 깜박 깜박
독수공방 사랑 타령
녹 향주 향기에 취한다

슬픔과 그리움

장마는
물러가셨나

무서운 장맛비
착하고 어진
춘천 시민을 울려요

그리움과 슬픔에
눈물이 앞을 가려
그만하시오
장맛비 님

낮에 나온 하얀 반달님
하늘에 나룻배 타고
고춧대 사이로

하얀 반달 춘천을
울린 새하얀 반달

내 사랑 한 아름
달님 가슴에 그려 넣고
남은 건 병풍에 걸어 놓고
저 달이 기울면
임 보러 가겠네

마지막 잎새

가을이 남기고 간
마지막 잎새
나뭇가지에 한 잎
바람에 시달려
대롱대롱 몸살을

보내기 싫었는데
가시라고 하지 않았는데
떠나버린 가을
시린 겨울바람 불어와
인생도 한 잎 인가

속살을 보였다

넘실넘실 깊은 속을
다 열어 보여줄 듯이 하얀 속을
성급하게 열더니
숨을 막 끌어 올려 넘어지듯
닫아 버리는

실오라기 하나 걸치지 않고
헤집어 끌어 당겨 놓고
이리 젖히고
밀어 올려서
쓰러지고 마는 하얀 섬 파도

여기를 잡고 풀무질로
저 바위 허리에 끌어 올려
미역 숲에 들락날락 놀래미
들여다 보고 픈 산호초 숲

비련

사랑을 내 사랑으로
오늘도 그려보는

그리운 나그네
거미줄에 담아 둔
못 이룬 사랑
내 얼굴 시린 상처

안개 속에 감추고
거울 같은 그리움의
비련 오늘도

그려보는 그리운
그 나그네

꿈

하얀 새벽바람
물안개 뽀얀 꿈으로 뭉실뭉실
타오르는 꿈을 실은 반딧불
물빛 따라 회오리치고

소박하고 작아진 꿈
그리도 우아한 큰 꿈을
흐르는 물 한 모금도 채에 거르듯

쓴 물 한 바가지 가려가며
물길도 가려서 꿈을 보내더니
가져갈 것 하나 없고
허황된 망상이라

나에게는 긴 여정인 듯했지만
이리도 짧은 꿈인 것을

화풍(花風)

석 삼일도 아닌 짧은 하루
벚꽃 화풍의 춤사위
춘풍이 고운 가슴 품는 날

화려한 이 산정 화풍
벚꽃이 춘설 날리는 듯

떨어져 흩날린 꽃잎은
벚꽃이 아니라 하든가
내 인생에 봄날 춤사위로

만추에 앞산 단풍이 곱게
물이 드는 것이 아니라
새싹이 나서 곱게 물들기를

소고삐

여울 저 흐르는 시냇물
깜 한 바위 휘돌아서 흐르니
맑은 눈망울은 물빛 따라

어미 소 쉼 없이 풀 먹을 때
이리 뛰고 저리 뛰는 송아지
흐르는 물 물장구 소리에
음매 음매 엄마의 품

찔래 순 한 줌 꺾어서
내 동생 주면 좋아서
동구 밖 마중 나와 오빠 오빠

내일은 창 꽃 꺾어다줘
바위 틈에 예쁘게 핀 창 꽃을
꺾을 수 없어 내일은 꼭
소 고삐 잡고 손가락 걸며

설날의 기도

별들이 설날에
저 하늘나라
우리 어머니의 미소로 번지고
자식들
잘 되기만을 기도하시는
어머니
오늘이 설날입니다
엄마 이 자식도
엄마 살아생전 나이를
훌쩍지나 머리카락이
희끗희끗 합니다
자식 손주 손녀들
잘 되라는 기도를
어머니 기도처럼 따라 합니다
설날의 기도
어머니 부르며
하늘 한 번 바라봅니다

제6부
멋있는 노년

통일 열차 타고

새봄이 되면
북쪽 하늘 아래 사는
새 친구 만나러
통일 열차를 타러 가야지

햄버거 피자도 같이 나눠 먹고
휴대폰 게임도 같이 할 거야

금강산 같이 가서
쪼로롱 산새들도 만나봐야지

아침 바다

파도 소리가 잠 깨운다
철썩철썩
조약돌도 나처럼 세수를 하네
갈매기도 바닷속에
세수를 하러 가네

바다 냄새 파래 냄새
외할머니 냄새 같아라

갈매기 날갯짓에
아침밥 먹는 것도 까먹었네
외할머니 손 잡고
파도 소리 들어야지

맨드라미

가을 뜰에 피어
나에게 인사하는 맨드라미
심심해서 친구를 기다리나 봐

녹색 치마 입고
분홍 블라우스 입은 맨드라미

할머니 집 담장에
곱게 피어
짝꿍 기다리듯
조용히 앉아 있네

눈꽃

하늘에서 내려온 눈꽃
살포시 땅에 앉아보네
하얀 겨울엔
걱정들을 다 덮어주네
우리 엄마 아빠 고민 다 사라져라
우리 형아 걱정 다 없어져라
우리에겐 가족 같은 눈꽃
하얀 친구 눈꽃

엄마 소는

댕그랑 댕그랑
어미 소가
대문에 들어 갈 때
땡그랑

엄마 젖꼭지
빨아 먹으려는
젖 띤 송아지
쨍그랑 쨍그랑

나도 너와 똑같은
울엄나 젖꼭지
오늘 먹고파
눈시울 여울져

아름다운 당신은

잔잔하고 고요한 것이 있다면
바다만이 아닐 것이며
넓어서 편한 것이 있다면
하늘만 아닐 것인데

노년의 아름다운 당신의 성품이고
품위가 그러하고 온화한 마음
또한 생각의 깊이가 그러하다

외롭다가 슬프기도 한 눈빛으로
흘러도 보이지 않는 가슴속에 눈물
그것도 아마도 노년의 아름다운
당신의 모습입니다

멋있는 노년

따뜻한 손길을
내밀어줄 줄 아는 사람
작은 들꽃 하나에도 귀하고
즐거워할 줄 아는

여유로운 마음 있을 때
그리움 따라 고운 숲길 다니며
꼭 만나고 싶은 인연들은
모두 만나 아름다운 모습으로
기억하는 가슴에 새겨둘 인연으로

춘천으로 달린다

실버들 늘어진 북한강 가로지르는
춘천행 청춘열차
여울져 흐르는 강 물결은
소금 빛으로 흩어지고

행복을 실은 청춘열차에는
금병산 가는 등산객들이 재잘거리고
대성리역을 지나 가평역으로 향하는
젊은이들은 폭포 소리처럼 활기차게
구곡 폭포길로 향하리라

호반의 도시 춘천으로 향하는
청춘열차에는
개나리색 닮은 사람들이
봄 향기로 달린다

동백섬에서

해운대 동백섬에서
처음 만난 당신 손 맞잡앗지
해가 저 바닷속으로 빠진 줄도 모르고

동백꽃이 피고 지고
당신의 주름진 얼굴에는
여전히 바다 물결 같은 미소가
오십 년이 지나도록 남아있어요

산천이 몇 번을 변해도
보름달 보며 동행을 약속했던
그날이 마음에 여울재곤 하네요

동백꽃 빛으로 가슴이 불타오른 동백섬
이젠 황혼의 연정으로 남아잇네요
우리의 노을빛 사랑이라고…

춘설 녹는 소양강

오봉산 굽이굽이
노송에 백설이
쉬어가고
춘설이 녹아내리는 소양강

뱃길 따라
품팔이로 떠난 낭군 기다리는
여인의 슬픈 노랫가락 흐르고

이 해가 다 저무는데
왜 아니 오시나
노을은 수백 번 지고 또 지고

설중매화가
춘설에 꽃잎 얼면 춥다고
가지마다 눈 닦아주던 낭군이시여

올해도 설중매화는
가슴 시리게
춘설을 맞고 있고

낭군을 그리고 있던 여인은
해 저문 소양강 바라보며
적삼 속에 손을 넣고
노을빛으로 닳아져 간다

동창회

까까머리 시절에
우리가 벗 삼은 지도
육십 년이 훌쩍 지났네

개울에서 등목하고 멱 감던
벗들의 이마에
청동빛 주름만 깊어졌네

동화 속 그림 같은
벗들의 얼굴이
눈썹도 머리카락도 백발로 만발했네

풀피리 불며 산천을 휘젓고 다니던
그 시절 벗과의 만남을
얼마나 기다렸던가

황혼길을 가고 있지만
한세상 꿈꾸고 살았으니
노을도 더 붉어야 아름다우니
우리도 그렇게
우정으로 물들이며 살자꾸나

내 청춘 지금부터야

꿈같은 내 청춘 봄에 피어난 핑크빛 진달래꽃
향기 없이 살아온 내 청춘 벚꽃보다 매화꽃보다
복숭아 빛 탐스러운 연두 빛 내 청춘 지금부터야

내 청춘 새콤한 탱자가시 울타리로 동여맨 내 청춘
다홍빛으로 가슴에 물들일 꿈같은 내 청춘 향기 없는
감나무 둥글둥글 주홍빛 내 인생 지금부터 시작이야

단풍빛 곱게 물든 꿈같은 내 사연 청춘아 내 청춘
목화솜 이불위에 백옥 산당화꽃잎 깔아놓고 불태울
하얀 겨울 내 꿈같은 청춘 춘하추동 지금부터야

문학은 내 삶의 선구자이다

1. 유년 시절과 학창 시절(습작기)

 경북 김천 시골에서 태어나서 중학 시절부터는 부산에서 많은 시간을 보냈다. 중학생인데도 부산 자갈치시장에서 생선회, 꼼장어, 고래고기를 먹어본 경험은 나름 신선한 충격이었다. 김천에서 그 당시 3천 원을 가지고 밤 열차를 탈 정도로 약간은 용감하고 방랑벽이 있는 소년이었다. 막연히 초량역에서 내리니 먼동은 트여 오고, 아무데도 갈 곳이 없었다. 전차 요금이 이원 오십 전인 시절이었다.
 예전부터 부산에 영도다리 이야기는 들은 적이 있어서 그곳에 전차를 타고 찾아갔다. 난생처음 영도다리가 서서히 올라가는 것을 보고 큰 배가 바다를 가로지르는 것도 보았다. 그 당시 교복은 입고 있었는데 부산 학생은 아니라서, 나중에 친구 2명이 나를 찾아와서 같이 부산 서면에 있는 하숙집에서 생활했고, 검정고시를 통해 중학교 과정을 졸업했다.
 자갈치시장에 가서 선지를 사서 먹기도 했고 다방에 가서 청소를 하거나 식당에서 주방 보조도 하며 생활하였다. 초라한 모습으로 다시 고향으로 돌아갈 수가 없었기에 검정고시로 중학과정을 마치고, 모교에 입학을 했다. 노력을 많이 했지만 생활은 크게 나아지지 않아서 다시 김천으로 돌아가 고교 졸업을 하게 되었다.

어린 나이지만 조금씩 생활문 형식으로 수필을 쓰기 시작했고, 통신 강의록을 사서 학업도 꾸준히 했다. 연극 극단에 들어가 연극배우로 활동을 했기에 연극 대본 형식으로 글을 써보기도 했다. 밥은 늘 간장에 비벼 먹거나 김을 사다가 찢어서 비벼 먹었고, 동네에서 알게 된 누나들이 빵집에서 빵을 사주면 그걸 아껴서 끼니를 때우기도 했었다. 하숙을 포기한 후에 자취방을 얻으려고 신문 배달도 하였다. 리어카에 식료품을 싣고 여기저기 떠돌며 팔기도 했다. 성격이 활발하고 붙임성이 좋아서 친구들이나 누나들에게 꽤 인기 있는 녀석이었다.

틈나는 대로 영도다리에 가서 바다를 보며 갈매기랑 대화도 나눠보고, 원양어선 타는 선원이 되고 싶다는 꿈도 꾸어 보았다. 저녁노을이 지면 시로 표현하고 싶다는 생각이 들어 메모를 해보기도 했다. 동네에 살던 누나의 친구를 우연히 만나 천사 같은 누나라 여기며 반해서, 그 누나를 만나려고 빵값을 따로 모은 적도 있었다. 사랑시는 아마 그때 처음 써 본 것 같다. 타향살이를 하다 보니 부모의 정 대신에 객지에서 아껴주는 정에 마음이 갔던 것 같다. 그 당시 쓴 시가 「누나 얼굴」이다.

누나 얼굴

서리 내린 태종대 거북바위에도
달빛이 내려앉고
떠난 누나의 향기 그리운 그 바닷가에
추억의 소야곡 들려오네

밤바다 모래밭에
살짝 그 이름 그려놓고 오면
은빛 파도는 스윽 그 이름을 지우고 가네

연둣빛으로 단장한 누나가 보고 싶을 때쯤
파도는 춤을 추고
내 가슴에 묻어둔 사랑은
하얀 이 드러내고
파도로 울어대네

2. 자연을 글로 표현하던 군 생활

"초연이 쓸고 간 깊은 계곡 깊은 계곡 양지 녘에
비바람 긴 세월로 이름 모를 이름 모를 비목이여
먼 고향 초동 친구 두고 온 하늘가

그리워 마디마디 이끼 되어 맺혔네
궁노루 산울림 달빛 타고 달빛 타고 흐르는 밤
홀로 선 적막감에 울어 지친 울어 지친 비목이여"

가곡 〈비목〉의 가사 배경이 된 백암산 고지에 공공부대가 있었다. 거기서 나는 주임원사로서 순찰을 많이 했다. 〈비목〉의 가사 배경이 된 백암산에서의 복무 기간 동안 가장 글을 많이 쓴 것 같다. 군 생활을 처음 시작한 것은 23세였다. 논산훈련소에서 교육을 마치고 '제2하사관학교'를 수료한 후에 정보학교에서 교육을 수료했다. 그 이후 실무 공공부대 배치되어 강원도 화천에서 사단 작전처 선임하사관으로 '이기자 부대' 20년을 근무하게 되었다.

'부대'는 화악산 아래에 위치해 있었고 춘천 지암리 계곡도 가까웠다. 화악산에는 항상 안개가 끼어 있었는데 '운암(雲巖) 이수동'이라고 아호를 받은 것도 그 때문이다. 지암리 계곡에 가면 계곡 주변의 노송들을 바라보며 시를 쓰곤 하였다.

골짜기의 노래

낮은 산자락
봄눈 녹는 지암 계곡
힘주어 숨을 쉴 때
안개마저 품어보네
능금꽃 피는
내 고향집 다리골

송어 떼가
빛나는 맑은 눈물 흘릴 때
한 잔 술 향기에 취한다

돌집 툇마루에서
계곡마다 찰랑이는
은빛 노래 들으며
시린 겨울, 떠나간
네 모습 그려보니
꽃샘추위 맞는 콧잔등에
물기가 고여지네

  나는 주임원사로 근무하면서 사병들을 마치 어머니처럼 잘 보살펴 주었다. 각 기지마다 선풍기를 사다 천장에 달아주며 애로사항을 잘 해결해 주고, 화천시장에서 간식들을 자주 사서 위문 겸 순찰을 돌며 사병들을 챙겨주며 늘 관심 있게 대해 주었다. 어머니 밥상이 느껴지도록 삼겹살 파티도 해주곤 했다. 밤 시간에 여유가 되면 노트에 시와 시조, 수필을 쓰곤 하였고, 현재까지 노트 5권 분량. 한국란 야생화를 좋아해서 한국춘란 춘천시 초대 회장 재임 기간 중에 야생란 전시회를 한 바 있으며, 이름 모를 산야초에 빠져서 가장 좋아한 책이 식물도감이었다. 화악산 주변 풍경에 대한 묘사 글과 그리움에 관한 시들을 그때 많이 썼다.

3. 결혼 생활과 아내의 희생

해당화 꽃피는 바다

명사십리 해당화야 피었다 지지 마라
시집간 네 딸이 오기 전에 지지 마라
자주빛 해당화가 핀 화산의 그 백사장

송라벌 들녘은 꽃향기 그윽하네
오솔길 걸으니 해초의 내음 가득
앞바다 분주히 지나 고기잡이 어선들

대진리 바닷가 온 마을에 화강암
기이한 형상으로 온 동네가 아름다워
마을이 한 폭 산수화 드리워 펼쳐지네

위 글은 결혼한 지 3년 만에 경북 '화진해수욕장' 근처 처갓집에 다니러 가서 쓴 글이다. 그때는 시조 풍의 시를 자주 쓰곤 했다.

우리 부부는 그 당시 딸 한 명이 있었고, 직장 생활 하는 중에 뒤늦은 하사관으로 군 입대를 하게 된 터라, 가정 형편도 그리 좋은 편은 아니었다. 아내는 직장까지 그만두고 나의 근무지 쪽으로 이사를 왔는데, 당시 월세가 팔백 원이었다. 그 후 나는 진급을 하여 조금 형편이 나아지면서 같이 손을 잡고 군인들이 다니는 교회에 다녔다.

그런데 그렇게 몇 년이 흐른 어느 날, 아내가 갑작스런 복통을 호소하며 호흡이 중지되어 가는 상황까지 발생했다. 도립병원을 통해서 급하게 수혈을 하는 등 깜짝 놀랄 만한 일이 있었다. 자궁 외 임신이 되어 위험한 상황에 처해서 4시간 30분가량 수술을 하였다. 부대창설 기념일 행사에 체육대회 군 가족 단거리 선수로 임신 3개월에 유산을 해야 했던 아픈 상처까지 군인의 아내로 약간은 고립되어 살아간다는 것이 그리 쉬운 일은 아니었다.

그 후에 두 딸을 더 낳았고, 아내가 건강을 되찾은 걸 생각하면 그 모두가 하나님의 은혜이고 온 가족의 기도와 믿음의 힘이었다. 세 딸들이 주인집 아이들의 눈치를 보며 월세로 전전했던 시절이 있었으나 아내가 절약하고, 심지어 산에서 나무를 해 와 팔아서 생활비에 보탠 적도 있었다. 강원도 화천군 사내면에 첫 주택을 구입했는데, 그때의 기쁨은 세상에서 가장 좋은 집의 주인이 된 기분이었다.

군 복무 시절에 봉급은 얼마 안 되었지만 봉급날에 집에 올 때 돼지고기 한 근을 사서 오토바이에 싣고 퇴근하는 게 소소한 행복이었다.

딸을 시집보내며

나무 잎새에 곱게 놓은 물방울
또르르 떨어질까
옥 같은 내 딸의 얼굴
때 묻지 않기를

부모 두고 가는
딸의 가슴에
눈물이 얼룩지지 않기를

그래도 손수건에 묻는 눈물은
아비의 마음이
아직 딸을 품고 있기에……

  지금으로부터 20여 년 전인 1998년에 오랜 군 생활을 접고 사회 생활을 시작했다. 강원도 '홍천 온천'에서 매점 운영을 하게 되었다. 그 후에 홍천군 읍내에서 구두·핸드백 대리점을 운영하고 그러다가 춘천에서 탑드림&스윙(댄스 스포츠 매장) 강원지사를 운영하게 되었다. 그 당시엔 '장애인 댄스 스포츠'가 대중들에게 알려진 지 2년 정도 되었을 때, 50대 초반부터 강원도 장애인댄스스포츠연맹 회장으로 6년, 춘천시 댄스스포츠경기 연맹 회장으로 12년 봉사활동을 하면서 장애인 댄스 스포츠 선수 발굴과 양성을 하는 데 많은 시간을 전념하였다.

4. 장애인 댄스 스포츠 연맹 활동

휠체어는 날개를 달고

댄서들의 아름다운 몸짓
현란한 조명,

날개를 단 휠체어는
음률에 몸을 실어 나르고

옥색 드레스 입은 여인은
가냘픈 허리로
홍학 같은 춤사위를 선보이고

커플들이 하나 되어
환상의 춤을 추는 사랑의 불꽃

댄싱으로
사랑의 마침표를 찍어대듯
휠체어는 날개를 달고……

위 시는 장애인 댄스 스포츠를 보고 표현한 시이다. 장애인이라서 몸은 좀 불편해도 아름다운 댄스 스포츠를 보고 있노라면 더욱 애절한 사랑을 이루어 내는 듯한 춤사위가 더 큰 감동을 자아낸다.

그러던 중에 2012년 8월에 격월간 『서라벌문예』(통권 제21호) 신인상으로 문단에 입문하게 되었다. 중학 시절부터 틈틈이 시와 시조 등을 노트에 적어 두고 있었다가 오랜 시간이 흘렀던 것이다.
「골짜기의 노래」,「춘천댐의 벚꽃」,「달빛 여인」 등의 작품으로 "이수동 시인은 절실한 내면적 갈망을 감동으로 전하는 시를 쓴다."는 작품평을 받았다.

춘천댐의 벚꽃

경춘가도를 자유로이 달려보니
벚꽃 잎 강물에 소금빛으로 흩날리네
내 가슴속에 몽글몽글
옛 추억이 모닥불처럼 피어오르고
양은 도시락 딸랑거리며
동무들이 히죽히죽 벚꽃처럼 웃던 날들
가슴속에 그려 본다
벗들의 이름 불러보며
버찌처럼 말 없는
세월이 흐르고 흐르네
벚꽃 잎이 춘설처럼 흩날려
주름진 내 얼굴에 묻는다
춘천댐의 벚꽃 보며
마음이 하얗게 비워지네
봄 향기는
가슴 가득 흐르는데……

5. 시인의 풍경

  시인은 어느 의미에서 자연의 섭리를 연장하는 역할을 맡는다. 미셸 푸코의 말대로 "자연을 인식한다는 것은 언어를 토대로 해서 참된 언어를 정립한다는 것이며, 또한 그 한계를 드러내주는 것"이기 때문이다.

난 언제나 자연을 좋아했고, 그 속에서 시를 찾으려 하며 지내왔던 것 같다. 유난히 난초와 바위를 좋아했다. 나의 아호도 '운암(雲巖)'이다.

"시인은 꽃이 피고 지는 것을 모두 표현한다."고 어느 시인이 말했다.

20대 청년 때부터 봄, 여름, 가을, 겨울 계절여행을 즐겨 다녀 보면 자연의 어느 것 하나 시로 표현이 안 되는 것이 없을 것 같았다. 황톳길에 시골 버스를 타고 다니며, 아무 데나 풍경 좋은 곳에 내려서 작은 노트에 짧은 시를 쓰곤 하였다. 동해의 수평선과 은빛 파도를 바라보며 내 마음 역시 밀물이 되고 썰물이 되곤 하였다.

60세가 훌쩍 넘는 나이에 새삼스레 문단에 등단을 한다고 사람들이 좀 의아해 할 수도 있겠으나, 마음속에 흐르는 시심은 늘 청춘의 물결이다. 난 원래 봄을 좋아하고, 꽃 중에서는 난초 꽃(소심, 황화소심, 죽음화, 자화, 두화, 기화, 호봉윤 등)을 유난히 아낀다. 자연 속에 시가 흐르고 있다고 믿기 때문이다.

30대에 신문사나 잡지사에 시를 투고해서 원고료를 받은 적도 있었다. '시'라는 낱말 하나로도 신성시되고 때 묻지 않은 그 느낌이, 나의 이마에 주름이 하나씩 더해질 때도 그 계곡의 폭포 같은 신선함은 이어지고 있다.

난초의 잎에도 각기 다른 무늬가 그려져 있듯 나만의 색깔로 시향을 풍겨보고 싶다.

서라벌문예원 현 편집처장인 녹우 한경은 시인이 나를 시인으로 등단할 기회를 만들어 주었고, 노트로만 남아 있을 나의 시들을 세상 밖으로 난초 단엽 같은 나를 화색이 좋은 난초 같은 시인으로 거듭나게 해주셨다. 나는 오늘도 어느 계절에나 고운 향기의 시를 쓰는 사람이 되길 소망해 본다.

운암 이수동 시인은 '서라벌문예원' 제7대 회장으로 재임, 주로 문학 활동하는 잡지사는 월간 『문학세계』, 계간 『시세계』, 『월간문학』, 『한국문인』, 격월간 『서라벌문예』, 토지문학회, 문학의봄작가회, 동시문학회 등이다.

차마 못 다한 말

한마디에 귀 열어 줄까

못 잊을 황혼빛 사랑

—「노을빛 연정」중

붉게 타는 듯이 익어가는

그리운 사랑 오색이였으면

가을바람 나그네는 싫어

― 「가을 그림」 중

낙엽이 지기 전에

무대 속에 비둘기 집을 짓고

연극은 시작되고 그 꿈을 여기에

내려 놓을 가을 연가

― 「연극은 시작되고」 중

까까머리 시절에
우리가 벗 삼은 지도
육십 년이 훌쩍 지났네

⋮

황혼길을 가고 있지만
한세상 꿈꾸고 살았으니
노을도 더 붉어야 아름다우니
우리도 그렇게
우정으로 물들이며 살자꾸나

— 「동창회」 중

문학세계대표작가선 949
주소 없는 편지

이수동 시집

인쇄 1판 1쇄   2021년 7월 20일
발행 1판 1쇄   2021년 7월 27일

지 은 이 : 이수동
펴 낸 이 : 김천우
펴 낸 곳 : 도서출판 천우(문학세계 출판부)
등   록 : 1992. 2. 15. 제1-1307호
주   소 : 서울시 성동구 무학봉28길 6 금용빌딩 2F
전   화 : 02)2298-7661
팩   스 : 02)2298-7665
http://moonhak.wla.or.kr
E-mail : chunwo@hanmail.net

ⓒ 이수동, 2021.

값 15,000원

＊도서출판 천우와 저자의 서면 동의 없는 무단 전재 및 복제를 금합니다.
＊저자와의 협의에 따라 인지는 생략합니다.

ISBN 978-89-7954-845-7